The New One Minute Manager

新版 一分钟经理人

〔美〕肯·布兰佳　斯宾塞·约翰逊 著　周晶 译
Ken Blanchard　Spencer Johnson

南海出版公司

新经典文化股份有限公司
www.readinglife.com
出　品

隆重推荐

戴维·汉纳（IBM 公司副总裁）

我认为《一分钟经理人》应当成为所有经理人的必备读物。这本轻松易读的小册子包含的那些最基本的人员管理原则，正是我们的管理团队所需要的。

戴维·琼斯（美国参谋长联席会议前主席）

对于希望同时提高下属工作质量和效率的管理者来说，一分钟管理法可以说是最好的选择。它应该成为美国海陆空三军的标准读物——而且要尽快！

罗伯特·戴维斯（美国雪佛龙前总经理）

读过《一分钟经理人》后，我送了一本给我的上司、我上司的上司、我的所有下属和一起共事的其他经理人，甚至还有我的妻子、好朋友们和我们的牧师。在某种意义上，这本书适合每一个人，而这就是它的好处。

查尔斯·加菲尔德博士（美国加州大学伯克利分校教授）

毫无疑问，《一分钟经理人》能够帮助任何一位经理人训练出最优秀的执行者。多年来，我们已经成功地用它帮助许多美国公司提高了生产效率，并最终帮助经理人们为自己公司创造了更多的利润。

一分钟标志

《新版一分钟经理人》的标志意在提醒我们，每天用一分钟时间正面观察那些被我们管理的人。认识到他们才是我们最重要的资源。

目录

序 致《一分钟经理人》

“一分钟经理人”是很有效的工作方法。几年来，我们就推广并形成了日清工作法，即每天都有目标体系、日清体系、激励体系。达到“日事日毕、日清日高”的效果。

本书对管理人员而言是一本很实用的书。

海尔集团

前 言

第一版《一分钟经理人》出版后，时代在不断地发展变化。如今，企业必须利用更有限的资源做出更快的反应，才能跟得上日新月异的科技发展与全球化进程。我们非常高兴能奉上《新版一分钟经理人》，帮助各位在瞬息万变的时代环境中更好地去领导、管理并获得最终的成功。

新版中这个经典故事的核心观点没有改变，而且世界各地无数读者曾从中获益，所以大部分内容与原版出入不大。但时代变了，一分钟经理人也需要做出相应的改变，他以一套时新的更讲求合作的方式来领导、激励员工。最初他分享一分钟管理的 3 个诀窍时，“自上而下”的严密管理形式是一种很普遍的现象，而现在“平行并列式”的管理方式则更高效，在《新版一分钟经理人》中即可见一斑。

现今，在工作和生活中人们更重视自我实现，他们希望可以充满干劲做出有价值的贡献，不愿下了班还没完没了地加班。新一分钟经理人深谙此理，也相应地调整了用人方法，他意识到员工是企业获得成功的动力，吸引并留住人才是第一要务。

关键在于他是如何运用新方法的。正如先哲曾说，学以致用。

试试运用书中的3个诀窍，你也可以在这个不断变化的世界获得成功——不仅在工作上，还包括与家人朋友的交往。

将《新版一分钟经理人》的方法付诸实践，我们相信你和你的同事、家人都会有所收获，都能更健康、更幸福、更高效地生活！

肯·布兰佳博士

斯宾塞·约翰逊博士

PART 1

一分钟管理法的3个诀窍

The New One Minute Manager

寻 觅

从前，有一个聪明的年轻人，他一直在寻找一种经理人，他们在瞬息万变的时代中既领导有方又能引导人们平衡工作和生活，将一切变得更有意义、更有乐趣。

他想为这种经理人工作，也想成为这样的经理人。

寻觅了很多年，走遍了世界的每个角落。不论小城镇还是各个国家的首都，都留下了他寻觅的足迹。

他和许多要求自己与时俱进的经理人交谈过：公司高管和企业家，政府官员和部队军官，大学校长和基金会主管，以及商店、商场、餐厅、银行和酒店的经理人，不同年龄的男人和女人们。

他去过各种各样大大小小的办公室，有的豪华气派，有的简陋平常，有的甚至连窗子都没有。

他开始对如何管理有了宽泛的了解，但仍不满意。

他见过一些“铁腕”经理人，他们能让自己所服务的组织获得成功，但下属纷纷离职。有些上司认为他们是不错的经理人，许多下属却不这么想。

年轻人拜访这类“铁腕”经理人时，总会问：“你觉得自己是一位怎样的经理人呢？”得到的回答总是大同小异。

“我是个权威的经理人——我要求这里一直保持最佳运作状态。”他们说。“我是个精明的经理人。”“很现实。”“利润是我考虑的首要问题。”

“铁腕”经理人说自己一向如此，并不觉得需要调整。

年轻人听得出他们声音里的骄傲，也看得出他们都更看重工作成果。

年轻人还见到过一些非常“好心”的经理人，他们的下属似乎都是成功者，而所服务的组织却蒙受了损失。一些下属觉得他们是不错的经理人，但他们的上司对这一点非常怀疑。

当年轻人坐下来听这些“好心”的经理人回答那个相同的问题时，得到的答案是：“我是个很民主的经理人。”“我非常支持我的下属。”“很关心下属。”“有人情味。”

这些经理人坦言这是自己的一贯风格，没必要改变。

年轻人在这些回答中同样听到了自豪感，也看出了他们对下属的关心。

但他想不通。

似乎世界上的绝大多数经理人都坚持自己那一套，而他们最感兴趣的不是结果就是人。只看重结果的经理人总被认为是“专制的”，而只重视人的常常被誉为“民主的”。

在年轻人看来，这两类经理人——“铁腕”的专制派和“好心”的民主派——都只实现了部分的效率。“这就像当了半个经理人。”他想。

他疲惫地回到家，感觉失望极了。

本来，很早之前他就可以放弃，但有一点促使他坚持了下来——他很清楚自己在寻找什么。

“在这个日新月异的时代，”他想，“高效的经理人，应该可以很好地管理自己和他的工作伙伴，从而让公司和员工实现双赢。”

年轻人到处寻觅高效经理人，但只发现了寥寥几位，而这仅有的几位还不愿意跟他分享自己的心得。他开始觉得自己可能永远都找不到成为高效经理人的诀窍了。

就在这时，他听说了一位与众不同的经理人。让人吃惊的是，这个人就住在临近的小镇上。据说人们都喜欢在他手下工作，他带领自己的团队创造了非凡的业绩，人们把他的那套方法运用到日常生活中也收获颇多。年轻人不知道这些传闻是不是真的，就算是，他也不确定这位经理人是否乐意和他分享这些诀窍。

他怀着好奇打电话给经理人的秘书，想预约见面，秘书竟然立刻帮他转了电话。

年轻人问那位与众不同的经理人什么时候方便见面，得到的

回答是："除了周三上午，这周的任何时间都行。你定吧！"

年轻人有点吃惊，到底什么样的经理人能那么有空？他更好奇了，一定要去见识一下。

新一分钟经理人

年轻人来到经理人的办公室，发现他正站在窗前向外眺望。经理人转过身来请年轻人坐下，问道："有什么可以帮你的吗？"

"我听说了你不少事，想要了解一下你的管理方法。"

"是这样的，现在我们用一些新的方式来应用经典管理方法，来应对时代的变化，不过过会儿再说这些，我们先从最基本的聊起。

"我们原来是一家'自上而下'严密管理的公司，这种架构在当时很适用，现在就有点过时了，不能激发员工潜力还扼杀创造力。消费者要求更快的服务更好的产品，所以我们需要每个人都贡献出自己的才能。才智可不应被困在某间办公室里——应该洋溢在整个公司里。

"现在速度就是金钱，协作模式比控制模式的效率要高得多。"

"你是怎么协作领导的呢？"

"我和我的团队每周三早上碰一次面——所以我那会儿不能见

你。例会上他们会分析总结上一周的工作，包括成果、问题、一些遗留事项以及解决方案，我就在一旁听着。”

“会议上的这些决定对你和你的团队有约束力吗？”

“当然有，开会就是要大家参与进来，决定下一步怎么办。”

“所以你喜欢参与决定？”年轻人问。

“不是，我更喜欢引导。”

“那你们开会的目的是什么？”

“我已经告诉过你了。”

年轻人觉得有点尴尬，感觉自己说错了话。

经理人顿了几秒，深吸口气说：“我们是为了得到一个结果，把所有人的才智集中起来才更高效。”

“哦，也就是说你关心结果比关心人多一些？”

经理人站起身，开始来回踱步。“为了实现价值，经理人必须既看重结果也看重人。不通过人怎么得到结果？所以二者我都关心，它们是密不可分的。”

“来看看这个，”经理人指着电脑说，“我把这条实用的真理设成屏保程序，时时提醒自己。”

自我感觉良好的人
才能做出优秀的业绩

年轻人看着屏幕时，经理人说："想想你自己是在什么时候把工作做到最好，自我感觉很好的时候，还是感觉不好时？"

年轻人会意地点点头，意识到了这个显而易见的道理。"自我感觉好时，我能够完成更多的工作。"

"当然了，其他人也一样。"

"所以，"年轻人说，"帮助别人获得良好的自我感觉就是提高效率的关键。"

"没错，"经理人赞同道，"不过要记住，效率不仅是完成工作的量，还包括质。"他走到窗前，说："来这儿看看。"

年轻人走到窗边，经理人给他指了一家楼下的餐馆。"看见那家餐馆前排了多少人吗？"

他看看排着的人龙说："一定是因为位置好。"

经理人问："真是这样的话，为什么隔壁那家没人排队？为什么大家喜欢来第一家吃，而不是第二家？"

年轻人回答："因为食物和服务更好？"

"对，多简单的道理。不能为顾客提供他们想要的有质量的产品和服务，在生意场上是做不长久的。

"显而易见的道理反而容易被忽视，获得成功的最佳途径就是人！是最好餐馆里的员工创造了最好的业绩。"

年轻人越听越感兴趣。他一坐下，就问："哦，你刚才说自己不是个喜欢参与决定的经理人，那你如何描述自己呢？"

“他们叫我新一分钟经理人。”

年轻人惊讶地问：“什么？”

经理人笑着回答：“他们这样称呼我，是因为我们能在很短时间内找到获得巨大成果的新方法。”

虽然年轻人曾与许多经理人交流过，但这种说法闻所未闻，不用多少时间就能得到出色结果，这简直难以置信。

看到他疑惑的神情，经理人说：“你不相信，是不是？”

“不得不说这很难想象。”

经理人笑起来，说道：“听着，如果你想知道我是哪种经理人，为什么不和我团队的其他人聊聊？”

经理人转向电脑，打印出一张名单交给年轻人。“上面有 6 个人的姓名、职位和电话，他们都是我的下属。”

“我该跟他们中的哪位谈？”年轻人问。

“你自己决定，随便谁都行。你可以找其中某个人聊，也可以和所有人都见个面。”

“那我该从谁开始呢？”年轻人问。

“我已经告诉过你了，我不替别人做决定，”经理人肯定地说，“你自己选。”说后便沉默了一会儿。

年轻人心里不太舒服，真希望刚才没开口让经理人来帮他做这个决定。

经理人站起来将年轻人送到门口：“你想知道如何管理人，对这一点我很赞赏。”

“跟我的下属们聊过之后，如果你还有什么问题，”他补充道，“就回来找我。实际上，我很乐意把‘一分钟经理人’这个概念当成礼物送给你。这是别人教给我的，给我带来了非常大的变化。学会之后，你也会希望自己有一天能成为一分钟经理人。”

“谢谢你！”年轻人说。

离开经理人办公室时，年轻人遇到了秘书科特尼，她很理解地说：“看你一脸迷茫就知道，你已经领教过我们的一分钟经理人了。”

“是的。”年轻人还在努力思考刚才讨论的事情。

“有什么我能帮忙的吗？”她问。

“谢谢，经理人给我这个名单，说我该和他们好好聊一聊。”

她看了看名单说：“有 3 个人这周去旅行了，不过泰莉莎·李、保罗·切奈尔和乔恩·利维今天都在。我先帮你打电话知会一声。”

“太感谢了。”年轻人说。

第一个诀窍：一分钟目标

年轻人来到泰莉莎的办公室，她摘下眼镜冲他笑着。“啊，听说你已经见过我们的经理人了。他可真是个不寻常的家伙，对吧？”

“看起来还真是。”

“他是不是建议你来找我们聊聊他的管理之道？”

“对。”

泰莉莎说：“他的管理法实在太神奇了，我能掌控自己的工作后，他竟然只花一点儿时间和我碰面。”

“这是真的？”

“你最好还是相信，我现在几乎没怎么见过他。”

“你是说你没有从他那儿得到过任何帮助吗？”年轻人疑惑地问。

“不像刚工作时那么多。不过在一个项目刚开始的时候，他总会花一些时间跟我交流。我们利用这段时间设定一分钟目标。”

“一分钟目标，那是什么？”年轻人问。

“那是一分钟管理的3个诀窍中的第一个。”泰莉莎答道。

年轻人想要了解更多，便问道：“3个诀窍？”

“是的，”泰莉莎说，“设定一分钟目标是第一个诀窍，也是一分钟管理的基础。你瞧，在大多数公司中，如果你问老板某个员工在做什么，再去询问员工本人，往往会得到两种截然不同的回答。实际上，在我以前工作过的一些公司里，我自己和我的上司对工作任务的理解只是偶尔一致，那仅仅是巧合而已。这样一来，我就会因为没有做某些事陷入麻烦，而事实上，我从没想到这些事是我该做的。”

“这儿也有这种事吗？”年轻人问。

“没有！”泰莉莎说，“在这里从来没有发生过。经理人总是先和我们一起明确工作任务和责任。”

“那他是怎么做的呢？”年轻人很想知道。

“前所未有地高效，”泰莉莎笑着说，“其实，最近我总是叫他新一分钟经理人，因为他做事总是用效率超高的新方法。”

“怎么说？”

她解释道：“比如，他从不为我们设定目标，而是先看工作报告再和我们一起完善，在最重要的工作目标上达成一致后，把每一项清楚描述出来，一个目标大概一页纸。

“他认为一个工作目标、衡量标准和完成期限，应该用一到两段话说明白，读一遍大概花一分钟。把目标简洁地写下来，便于查阅并能把精力集中在最重要的部分。

“最后，把工作目标发一份邮件给他，自己留一份，所有事都清清楚楚了，也方便定期检查进度。”

“如果每个目标都一页纸，岂不是每个人都有一沓纸？”

“不，实际上不是，”泰莉莎肯定地回答，“我们认同 80/20 目标设定法则。也就是说，你获得重要成功的 80% 都来自于你 20% 的目标，所以我们只对那 20% 设定一分钟目标，即我们的关键任务——可能一共只有 3 到 5 个工作目标。当然，我们也会具体问题具体分析。”

她继续说：“既然一分钟就能把目标再看一遍，我们就会常常停下来看看自己在做什么，是否与目标一致，不一致就调整自己的工作，这样就会更快获得成功。”

年轻人会意道：“所以你经常反思自己做得对不对，而不是等经理人告诉你。”

“是的。”

“所以，某种意义上，你是在自己管理自己。”

“确实是这样。”泰莉莎点头说道。

“而且更方便，”她补充说，“我们了解自己的工作，经理人也会示范并确保我们理解怎么样是好的工作表现，换句话说，我们对工作的预期都非常明确。”

“但我们中很多人在其他地方工作，经理人不可能总是一对一地示范，不过他还有别的办法。”

“能举个例子吗？”

“我有过这么一个一分钟目标：找出工作中存在的问题和有效的解决办法。

“刚到这里工作时，我发现了一个需要解决的问题，却不知道怎么做。于是我给经理人打电话，电话接通后我说：‘先生，我有个问题。’不等我解释，他就说：‘很好！我们请你来就是为了解决这个问题的。’接着，电话那边就没有声音了。

“我当时有点儿不知所措，最后终于磕磕巴巴地说：‘但是……但是……先生，我不知道该怎么解决这个问题。’

“‘泰莉莎，’他说，‘你未来的一个目标就是发现和解决工作中遇到的问题。不过，既然你是新来的，我们就聊聊，告诉我是什么问题。’

“我尽力描述但说得毫无条理，因为心怀戒备觉得很紧张。

“经理人温和地说：‘就说说人们都在做什么或者都没做什么，那就是问题的症结。’这让我放松了下来。我不再过分关注自己，开始仔细思考，并按他提供的思路试着把问题描述出来。

“他说：‘非常好，泰莉莎！现在告诉我你希望得到什么结果。’

“‘我不知道。’我回答。

“‘等你知道了再给我打电话。’他说。

“那一刻，我惊呆了。我真的没了主意。还是他好心地打破了沉默。‘如果你说不出你所期望的情形，’他说道，‘那就说明还没有真正发现问题，你只是在抱怨而已。只有现实情况与你期望的情况有出入时，问题才可能存在。’

“好在我学东西很快，突然，我意识到我其实知道自己希望情况是怎样的，便把这些想法告诉他，他又要我说说是什么导致了现实与理想状态之间的差距。之后，他说道：‘好了，对这件事你打算怎么做？’

“‘我可以做A。’我说。

“‘如果你做了A，能达到你期望的结果吗？’他问。

“‘不能。’我回答。

“‘那么这就不是一个好的解决方案。你还可以怎么做？’他又问。

“‘我可以做B。’我说。

“‘做了B，就能达到你期望的结果吗？’他接着问。

“‘还是不能。’我回答道。

“‘那么这仍是一个蹩脚的方案，’他说，‘你还能做些别的什么吗？’

“我思考了几分钟，回答：‘我可以做C，但即使这样也没法达到我想要的结果，所以这也不是个好主意，对吗？’

"'对。你开窍了，'他笑着说。'还有别的办法吗？'他问道。

"我如释重负地笑着说：'或许我可以把刚才的一些方法结合起来。'

"'这听起来值得一试。'他说。

"'其实，如果我这个星期做A，下个星期做B，再下个星期做C，就能彻底解决这个问题了。这太棒了。非常感谢您帮我解决了这个问题。'

"'我可没有，'他打断了我的话，'是你自己解决了问题。我只是问了你几个问题而已——这些问题你自己也能问。'

"我当然知道他做了什么。他向我展示了解决问题的方法，这样我以后就能自己处理事情了。"

"这就是你说的'好的工作表现'？"年轻人问。

"是，经理人做了示范，所以我有了更深的了解，知道以后自己该怎么做。最后他在电话里说：'干得不错，泰莉莎，下次遇到问题的时候，记住这一点。'"

泰莉莎靠在椅背上，似乎已经沉浸在她与经理人第一次交流的回忆里。

"后来我总笑着回忆这件事，意识到他做的这些正意味着，他以后不用花太多时间和我待在一起了。"

"那是因为你学会了如何更好地独立解决问题。"

"对，他希望团队中的每一个人都能享受更快更好完成工作的

体验。”

年轻人思索片刻说：“现在我明白了，如何通过提高团队成员独立处理问题的能力，让整个组织更高效。你介意我把刚学的这些写个简单的总结吗？”

泰莉莎说：“当然不介意，这是个好办法。”

年轻人写道：

一分钟目标：小结

设定一分钟目标很简单，只要：

1. 共同制定工作目标，并清楚简洁地描述出来，明确好的工作表现的标准。

2. 每个目标都单独写在一张纸上，并写下完成期限。

3. 规定每天用几分钟时间，重温自己最重要的目标。

4. 鼓励人们用一分钟时间审视自己的表现，检查是否与目标一致。

5. 若与目标不一致，反思自己的工作表现，以便调整。

年轻人把总结拿给泰莉莎看。

“就是这样,”泰莉莎大声说道,“你学得很快。”

“谢谢你!”年轻人说道,他对自己的表现非常满意,“如果设定一分钟目标是一分钟管理的第一个诀窍,那么另外两个是什么?”

泰莉莎笑了笑,看了一下表,说:“这个问题你干吗不去问问保罗·切奈尔呢?今天上午你不是还约了跟他见面吗?”

泰莉莎竟然知道他的日程,年轻人有点意外。

“是的,”年轻人起身与泰莉莎握手,“占用你这么多时间,真是非常感谢。”

“不客气,”泰莉莎答道,“我有的是时间啊。你大概也看出来了,我现在也成了一名新一分钟经理人了。”

“你的意思是,你能留意到事态变化,并用这 3 个诀窍找到新的应对方法?”

“是的,随机应变是我主要目标之一。”

第二个诀窍：一分钟称赞

年轻人离开泰莉莎的办公室，刚刚听到的一切居然那么简单，这让他十分惊讶。他想："这肯定是有点道理的。毕竟，要成为一位高效的经理人，你和你的团队就必须清楚有哪些任务，好的工作表现是什么样的。"

年轻人走进保罗·切奈尔的办公室时，吃惊地发现对方竟然这么年轻，他大概只有 20 多岁，顶多 30 出头。

"哦，你已经见过头儿了。他是个很不寻常的家伙，对吧？"

年轻人已经习惯大家说经理人是个"很不寻常的家伙"了。

"算是吧。"年轻人回答道。

"他跟你谈他如何管理了吗？"

"当然说了。那是真的吗？"年轻人问道，好奇是否能从保罗这儿得到不同的回答。

"你最好还是相信，我上一个老板管头管脚，但我们新一分钟经理人可不信那一套。”

“你是说你没有从他那儿得到过任何帮助？”年轻人问道。

“不像刚工作时那么多，现在他对我信任多了。不过在一项工作的起始阶段，他总会花一些时间跟我碰面。”

“是的，我知道需要设定一分钟目标。”年轻人打断了他的话。

“实际上，我想说的不是一分钟目标，而是一分钟称赞。”

“一分钟称赞？”年轻人问道，“成为一分钟经理人的第二个诀窍？”

“是的。”保罗回答道，“事实上，我刚到这里工作时，经理人就已经非常清楚地告诉我他的工作方式了。”

“他怎么做？”年轻人问。

“他说，如果他对我的工作给出最坦白的评价，我就更容易把工作做好。他还说我有才能也想留住我，这些都能助我成功，他希望我能从自己的工作中得到乐趣，进而成为公司的骨干。

“因此，他说他会特别详细地告诉我工作做得好还是不好。还提醒我，一开始这么做可能会让我们俩都觉得不太舒服。”

“为什么？”

“就像他当时跟我指出的，大多数经理人都不是这样管理的。之后他又向我保证这些反馈信息会对我有很大的帮助。”

“你能就你刚才说的举个例子吗？”年轻人请求道。

“当然可以。”保罗回答，“我开始在这里工作不久就注意到，我的经理人跟我一起设定好一分钟目标后，会一直与我保持密切的联系。”

“他是怎么做的？”年轻人问。

“有两种方式。”保罗解释道，“首先，他仔细地观察我的行动。即使不在我的周围，他也能从各种数据中看出我干得怎么样。其次，他要求我写工作进度报告给他看。”

“你觉得这种方式怎么样？”年轻人问。

“起初我很不安，后来想起他说过，为了发现我做对了什么事，一开始他会特别留意我。”

“发现你做对了什么事情？”年轻人不解地问。

“是这样。”保罗答道，“我们这儿有这样一条座右铭：

通过发现别人做对的事
来帮助他们充分发挥潜力

即使年轻人见过这么多经理人也没听说谁会这样做。保罗继续解释道："在大多数的公司中，经理人通常花费大量的时间在挑什么？"

年轻人笑了笑，会意地说："挑错。"

"对极了！"保罗说，"但在这里，我们却把重点放在相反的一面。我们总是去发现人们做对了什么，尤其是他们接手一项新工作时。"

年轻人记了几句，抬眼问道："当他发现你做对了一件事后，又会怎样？"

"这个时候，他就会给我一分钟称赞。"保罗开心地说。

"那是什么意思？"年轻人好奇地问。

"哦，一旦发现你做对了什么，他会明确地告诉你这件事对在哪里，跟你说这让他感到多么高兴，他会停一会儿让你好好感受一下，然后鼓励你保持好势头再多称赞一下。"

"我好像从没听说过哪个经理人会这么做，"年轻人插了一句，"那肯定让你感觉很不错。"

"当然，这其中原因很多。第一，我刚刚做对了一件事，就得到了称赞。"他笑了笑，向前探身凑到年轻人面前坦言："这样我就用不着等什么年度业绩考核，懂我的意思吗？"

"理解，"年轻人说，"等待工作评价的滋味太难受了。"

"非常同意，"保罗说，"第二，既然他能具体说出我对在哪里，就证明他对我的称赞是真心的，而且对我做的事情很熟悉。第三，说明他很可靠。”

“可靠？”年轻人不明白他为什么这样说。

“是的，”保罗说道，“只要我做得好他就会称赞我，即使工作其他方面进行得不顺利，也不影响这件事。我知道可能有别的事情让他心烦，但当他面对我时，只针对我的情况做出反应——而不是他自己当时的状况。对这一点，我非常欣赏。”

“经常称赞下属，不会占用经理人很多时间吗？”年轻人问。

“实际上并不会，”保罗回答道，“记住，并不是非得对某个人称赞很长时间他才知道你关心、关注他。其实，有效的称赞常常连一分钟都用不了。”

“这就是叫它‘一分钟称赞’的原因。”年轻人说。

“没错。”保罗说。

“他对你做对了什么总是很留意吗？”年轻人问。

“也不是，”保罗回答道，“只有你刚到这里工作，或是刚刚接手了一个新项目或新职位的时候，他才会这样做。等一切轻车熟路后你就知道他对你有信心，因为你不会经常看见他了。”

“真的？在受到关注后这样不会让人很失落吗？”

“不会，因为那时就能从其他途径知道哪些工作表现值得称赞了，比如可以查看相关数据——销售数字、开支、生产计划等。”保罗补充道，“一段时间后，你就会慢慢开始留意自己做对了哪些

事，然后进行自我称赞了。而且你不知道他什么时候会再跳出来表扬你一番，这种期待足以让你在他不在周围时，仍有动力坚持好好干。这有点儿不可思议，有生以来我工作从没像现在这样努力呢，或者说从没这么享受过。

“这就是为什么我知道这句称赞是我应得的，最难能可贵的自信心也随之建立起来了。”

“自信心有那么重要吗？”年轻人问。

“自信心可以帮你应对随时会出现的变化，我们都希望变得足够自信来改良创新，保持优势。”

“所以，经理人给你机会独立解决问题，而不是参与你的决定？”

“对，而且这节约了经理人的时间，我也这样训练我的团队，他们也变得更有能力了。”

“我开始了解这里的管理模式了，你把一分钟目标过渡到一分钟称赞，称赞又极大地激发了每个人的潜力。”

“一点儿也不错！”

“能给我几分钟记录下一分钟称赞吗？”

“没问题。”保罗说。

年轻人写道：

一分钟称赞：小结

要进行一分钟称赞，只要：

◆ 前半分钟

1. 及时称赞下属。

2. 告诉他们对在哪里——要说得非常具体。

3. 告诉他们这件事情做对之后，会让你感到多么高兴，对整个团队和其他同事又会有多么大的帮助。

◆ 停顿一会儿

4. 沉默几秒，让他们静静地体会做对事带来的喜悦。

◆ 后半分钟

5. 鼓励他们以后继续这样做。

6. 明确说明你对他们有信心，并会支持他们获得成功。

"如果一分钟目标、一分钟称赞是前两个诀窍，那第三个是什么？"年轻人急切地问。

保罗站起身说道："也许你应该去问问乔恩·利维，我知道你也约了跟他见面。"

"是的。"年轻人承认，"好吧，占用了你这么长时间，真的非常感谢。"

"没什么，"保罗说，"我现在有的是时间——你知道，我也是个新一分钟经理人了。"

年轻人点点头，他可不是第一次在这听到这句话了。

年轻人离开办公楼，在附近的小树林散散步，仔细回想刚刚学到的东西。他再次惊讶地发现，刚才聊的内容竟然都是些简单的常识。"发现人们做对的事情，谁能怀疑这么做的有效性，"年轻人想，"这不是人人都经历过的吗？"

"可是，一分钟称赞真的有效吗？"年轻人还是有些不太相信，"这些所谓的一分钟管理法真的能带来良好的工作成果吗？"

在散步的过程中，他对工作成果的好奇心越来越强烈，于是回去找经理人的秘书看能否把跟乔恩的会面推迟到第二天上午，他解释说在见乔恩前，想和了解其他分公司情况的人谈谈。

"乔恩说明天上午没问题。"科特尼挂上电话说道。

接着，她又给市中心打了一个电话，根据年轻人的请求安排了另一个会面，他要去见的是莉兹·阿奎诺。科特尼说："我肯定

她能给你想要的东西。”

谢过科特尼，年轻人觉得很饿，他穿过马路吃了点东西，为下一个会面做准备。

午餐后，年轻人来到市中心，见到了莉兹·阿奎诺。他礼貌地表明来意后开门见山地说：“依据你掌握的数据，你能告诉我在全国范围内，贵公司的哪家分公司管理得最好吗？”

“好吧，你用不着费心找，因为你要问的就是新一分钟经理人管理的那家。这么多年来在我们所有的分支机构里，他领导的公司是最高效的，无论事态怎么变，他都能适时调整，确实是个很不寻常的家伙啊。”听到莉兹的回答，他不禁笑了起来。

“真是难以置信，”年轻人说道，“他的公司是不是拥有最好的设备和技术？”

“不，”莉兹回答道，“他那家公司有些设备恰恰是最陈旧的。”

“好吧，但他肯定不能十全十美。”年轻人对一分钟经理人的管理方式仍不能信服，“他的员工流动性是不是很高？”

“说起来，”莉兹答道，“他那里的人员流动确实很大，不少人离开了他的分公司。”

“啊哈！”年轻人觉得自己终于料中了一件事。

“那些离开的人后来都怎么样了？”年轻人很想知道。

“我们派他们去接管其他的分公司了。”莉兹答道，“他是我们公司最好的人员培训专家，一有空缺的职位需要补充优秀的经理人，我们就会给他打电话，他总是有现成的人才。”

年轻人惊讶地听完这些话，十分感谢莉兹跟他聊了这么长时间——不过这次，他得到了不同的回答。

“很高兴今天能帮到你，”她说，“我这个星期的其他时间都已经排满了。要是能知道一分钟经理人是怎么处理这些事就好了。我一直想去拜访他，但就是没时间。”

年轻人笑着说：“等我学会了那些诀窍就来告诉你，就当是礼物，就像他送给我一样。”

“那可是非常宝贵的礼物啊，”莉兹微笑着说，她看了看堆得满满当当的办公室叹了口气，“我现在真是一点儿办法都没有了。”

离开莉兹的办公室，年轻人走在大街上甩了甩头，现在他已经完全被一分钟经理人吸引了。

当天晚上，年轻人睡得很不安稳，一直为第二天的会面兴奋不已——他就要知道成为一分钟经理人的第三个诀窍了。

第三个诀窍：一分钟更正

第二天上午，年轻人到乔恩·利维的办公室时刚好 9 点。他又听到了相同的话："他是个很不寻常的家伙，对吧？"不过现在年轻人已经能真心实意地回答："是的！"

乔恩说："他确实是个传奇人物，在这里工作这么多年仍能审时度势，让一切跟上形势，他自己也越来越敏锐。他最让人啧啧称奇的，就是我们做错事时他的反应。"

"做错事时？我以为这儿最关键的准则是发现人们做对的事情。"

"你说的没错，"乔恩肯定地说，"但你要知道我在这里已经工作了不少年。公司的里里外外我都非常了解。所以，一分钟经理人没必要花时间跟我一起设定一分钟目标或进行一分钟称赞。其实，我通常在见面前自己写出目标，再一起讨论。"

"每个目标都写在单独的一张纸上吗？"

“对，用一到两段话描述整个目标，方便一分钟内读完。

“我非常喜欢我的工作，也干得不错，现在已经可以对自己进行一分钟称赞了。实际上，我认为要是自己都不肯定自己，还等谁来表扬你呢？我也会夸夸别人。”

“你的经理人不称赞你吗？”他问。

“有的时候会。不过，他不用经常这么做，因为这件事我比他在行。”乔恩答道，“如果有件事做得特别漂亮，我甚至可能主动要求他称赞我。”

“你居然有勇气这么干。”年轻人问。

“这就像打一场永远不会输的赌，结果只有赢或平局。如果他称赞了我，就是我赢了。如果他没有就算平局，因为我在提出要求之前也没有得到称赞呀。”

年轻人笑了起来：“我喜欢这个观点，但出了错会怎么样？”

“当然，谁都难免出错。如果我或我团队里某人犯了一个明显的错误，肯定会受到一次一分钟更正。”

“一次什么？”年轻人问。

“一分钟更正，这是对第三个诀窍的全新解读。

“工作出了差错，不更正只称赞于事无补。当然我也不喜欢经常被人指出错误，但一次‘更正’可以帮我重回工作轨道并完成工作目标，公司和个人才能实现双赢。当我们还是一家‘自上而下’严密管理的公司时，第三个诀窍叫一分钟批评，这一点在当时效率很高。但我们新一分钟经理人，随着时代发展进行了相应的调整。”

“调整？”

“是的，现在要求我们在更短的时间里利用更有限的资源完成工作，我们也希望能在工作中获得自我满足和个人价值。如今这个时代瞬息万变，每个人都需要做一个学习者，即便我是专家，我的研究也可能在第二天被淘汰。一分钟更正能告诉我接着该怎么做。”

“具体是怎么回事？”年轻人好奇地问。

“这很简单。”乔恩说。

“我猜你就会这么说。”

乔恩笑了起来解释道：“如果我犯了错误，经理人很快就会有所反应。”

“他是怎么办的？”年轻人问。

“首先，他会确认我们设定的目标是否阐述清楚，如果没有，他会承担责任，并再次详细说明工作目标。

“然后，他分两步来进行一分钟更正。前半分钟他把视点集中在所犯的错误上，后半分钟则在我本人身上。”

“在什么时机他才这么做？”

“一发现工作失误就会做，一开始他先跟我一起确认既有的事实，回顾到底错在哪里，分析得详尽无遗。

“他会很确切地告诉我这件事给他的感受，以及对工作可能造成的影响。

“说完自身感受后，他会沉默几秒，让话充分渗透到我心里，这沉默的一小会儿非常重要。”

“怎么说？”年轻人问。

“这给了我时间来审视自己的失误，思考它会给我和公司带来哪些影响。”

“他一般沉默多久？”年轻人继续问。

“也就是几秒，不过自己是当事人的话，可能会觉得更久。”

乔恩继续说：“更正的后半分钟，他明确地告诉我，我的实际能力其实比这强得多，他对我有信心也很信任我。他说特别期待再跟我碰面——只要不是因为犯了同样的错误。”

“听起来，一分钟更正会让你对自己的行为反思两遍。”

乔恩点头说：“确实是这样。”

“你能谈谈进行一分钟更正最关键的部分吗？”

“当然。他能明确指出我错在哪里，这就证明他非常了解这项工作，不希望我和我的团队因为这个错误在人前受制。更正的最后他又强调很重视我和我的团队，这让我不会太轻易陷入消极戒备的情绪，也不会想方设法找借口把责任推给别人。而且，工作目标没有对所有人阐述清楚的情况下，经理人会负全责，我觉得他做事非常公平。

“整个过程只需要一分钟，更正过后，事情就过去了。但是每当你想起这件事，想起是以这么有建设性的方式更正错误的，就非常渴望重回工作轨道。”

“我明白你的意思了，”年轻人说，“恐怕我让他……”

“但愿，”乔恩插嘴道，“你没有让他替你做决定。”

年轻人感到有些难为情。“我确实让他这么做了。”

“那么你肯定也明白一分钟更正的感受了，”乔恩咯咯笑了起来，“不过我想，应该没那么严厉。”

“在这儿我们会特别留意是否犯了错，但你是第一次接触这种企业文化，通常更正不会那么严厉，不会让你太泄气。原则上，我们通过为员工建立信心来获得更好的工作成果。”

“可能不算严厉吧，”年轻人说，“但我再也不会让他替我做决定了。”

他又问：“一分钟经理人有没有做错事的时候。他似乎有点儿太过完美了。”

乔恩笑着说：“当然会犯错，他也是个正常人，不过他总是第一个意识到自己的问题。

“其实，他还经常鼓励我们看见他做错了什么一定要指出来。这类事不常有，但他常说这能让他不再重蹈覆辙。这也是我们喜欢和他一起工作的原因之一。可能有时候脾气有点急，不过他很幽默，幽默感还是挺派得上用场的。

“举个例子，他特别爱挑我的毛病，但有时会忘了一分钟更正的后半部分。”

“就是肯定你本人的那部分？”

“是的。如果他忘了，我就会向他指出来，用这件事跟他开玩笑。”

“你真这么做？”

“是啊，我会先花点时间好好想想自己怎么错了，需要怎么调整。然后找一天打电话告诉他，我知道自己的问题在哪儿，不会再犯了，最后笑着让他补上一分钟更正的后半部分，打趣说我现在还觉得很低落。”

“那他会怎么做？”年轻人问。

“他通常会笑着道歉，说他忘了告诉我，他对我仍然很有信心，仍然信任我。挂上电话，我确实觉得畅快很多。”

“真让人惊讶！”年轻人说。

“是啊，”乔恩说，“他的幽默感对他和与他共事的人都有好处。一分钟经理人让我们懂得，做错事之后自嘲一下，再用更好的工作成果修正错误。”

“真是太妙了，”年轻人激动地说，“你们是怎么学会这么做的？”

“只要学习老板的做法就行了。”

年轻人开始意识到这样一位经理人能带来多么大的价值了。

“我留意到第三个诀窍延续了一分钟管理体系的模式。目标，清晰阐述了工作中最重要的部分；称赞，建立了走向成功的自信心；更正则修正错误。这 3 条都能帮人们达到最佳的自我状态，创造更大的成果。

“为什么把 3 个诀窍结合起来，效果这么好？”

“这个问题还是让新一分钟经理人来回答吧。”乔恩说着从桌子后面站起身，把年轻人送到门口。

年轻人感谢乔恩跟他聊了这么长时间，他笑了笑，说道：“你应该已经知道关于时间这件事我会怎么回答了。”

两个人都笑了起来，年轻人觉得自己已经成了这里的一分子，而不只是个客人，这种感觉太棒了。

一来到办公楼大堂，他就发觉虽然自己只跟乔恩聊了一小会儿，却得到了这么多的有用信息。

他边回想刚才的谈话，边记录下有人做错事时如何运用一分钟更正。

一分钟更正：小结

如果目标阐述清晰，进行一分钟更正，只要：

◆ 前半分钟

1. 错误发生后立刻进行更正。

2. 确认既有的事实，分析错在哪里——要说得非常具体。

3. 告诉他们这件事带给你的感受，以及对工作成果可能造成的影响。

◆ 停顿一会儿

4. 沉默几秒，让他们审视所犯的错误。

◆ 后半分钟

5. 告诉对方，他们的实际能力比这次表现出来的更强，你认为他们很不错。

6. 告诉对方，你对他们有信心，仍然信任他们。

7. 更正过后，整件事就过去了。

如果不是亲身经历过，年轻人可能很难相信一分钟更正会如此有效。尽管这次更正不是很严厉，他也不想再领教了。

但是，他知道每个人都会犯错，如果他在一分钟经理人手下干活儿，又犯了一个明显的错误，想必会得到一次更严厉的更正。不过没关系，那一定会很公平。

在去一分钟经理人办公室的路上，年轻人一直在思考一分钟管理的惊人效果，以及如何调整它来应对新的时代环境。

一分钟管理的 3 个诀窍都非常有道理。“可它们为什么能如此有效呢？”他怎么也想不明白，“为什么新一分钟经理人会是整个公司里效率最高、最受尊重的经理人？”

PART 2

一分钟管理法为什么有效

The New One Minute Manager

新一分钟经理人的解释

当年轻人来到一分钟经理人的办公室时，科特尼对他说：“经理人正想着你什么时候回来找他呢。”

年轻人走进办公室，再次注意到这里收拾得格外整齐、清爽。经理人正微笑着欢迎他：“去了那些地方，你有什么收获？”

“收获非常大！”年轻人激动地说。

“跟我说说你都学到了什么。”

“我知道为什么叫你新一分钟经理人了。因为你一直适时调整3 个诀窍，先和下属一起设定一分钟目标，确保每个人知道自己该做什么，以及好的工作表现的标准；之后你会努力发现他们做对了什么事，好对他们进行一分钟称赞；最后，如果发现有人在工作上犯了错，就对他们进行一分钟更正。”

“对这些做法你怎么看？”经理人问。

“我感到很惊讶，这些诀窍占不了多少时间，而且看上去确实有效。”

年轻人有点犹豫地接着说：“我想问个问题，但愿不会冒犯你，你真的认为一分钟能做完经理人该做的所有事吗？”

经理人大笑起来，说：“当然不是，但一分钟管理法能让复杂的工作更好操作。不过很多时候，设定工作目标、给出重要的反馈确实只需要一分钟。

“将这 3 个诀窍只集中应用在 20% 的重要工作中，这 20% 就能帮我们达成预期成果的 80%，这就是 80/20 定律。”

经理人又问：“你还注意到了什么？”

“嗯，很明显这里的员工都非常享受自己的工作，你也会参与其中帮他们获得出色的工作成果。你自己同样享受工作吗？”

经理人向他保证说：“你这么做，你也会很享受。”

“也许吧，不过真正了解这 3 个诀窍为什么有效后，我才更愿意照做。”

“这是人之常情，我们都是越了解某事的原理，才能越恰当地运用它。

“过来看看，这是我存在电脑里的一句座右铭。”

年轻人转过身去，看到屏幕上写着：

我最好的投资

就是把时间花在人的身上

“这有些讽刺，”一分钟经理人说，“绝大多数公司把大部分的预算用来给员工发薪水，只利用极小一部分进行员工培训。实际上，很多公司都把大量的时间和金钱投入在办公环境、技术及设备维护上，而不是帮助员工发展。”

“我从没想过这一点，”年轻人承认，“但是既然工作是由人完成的，那么理应对人进行投资。”

“一点儿也不错，”经理人说道，“真希望在刚工作时也有人为我投资。”

“你指什么？”年轻人问。

“哦，在我以前工作过的大多数公司里，我常常不知道自己应该做什么，也没人愿意花精力告诉我。如果你问我工作得好不好，我只能说‘不知道’或者‘也许不错吧’；如果你问我为什么这样回答，我会说‘因为最近我没挨老板批’或者‘没消息就是好消息’。这样一来，好像我工作的最大动力就是避免受到惩罚似的。”

年轻人说：“我理解为什么选择不同的管理方法，但还是不太明白 3 个诀窍为什么这么高效。

“比如，一分钟目标，为什么它会如此有效呢？”

一分钟目标为什么有效

“你想知道一分钟目标为什么有效，”一分钟经理人说，“好吧。”他站起身，开始在房间里慢慢踱步。

“我给你举个例子，或许能帮你弄明白其中的道理。这些年来，我曾在各种各样的公司里工作过，也见过许多工作提不起劲儿的人。但下班之后，却很难发现有谁还是一脸无精打采。

“比如，一天晚上我打保龄球时遇见几个原来的同事。他们中有一个名副其实的‘问题员工’，我记得很清楚。他做好准备，投出了球，然后开始大声尖叫又蹦又跳。你觉得他为什么那么高兴？”

“因为他投了个好球，撞倒所有木瓶。”

“没错。那你觉得他跟其他人在工作的时候为什么就兴奋不起来呢？”

“因为他不知道木瓶在哪里，工作没有目标，”年轻人想了想说，“我明白了。要是连木瓶都没有，又怎么会想打保龄球呢？”

“对，”一分钟经理人说，“我相信大部分经理人都下意识假设下属们知道应该完成什么工作。但我在设定目标的时候，从不做任何假设。

“假设别人知道自己应该做什么，就相当于玩一局无效的保龄球。你是把木瓶摆好了，但投球的人上场后却发现木瓶前面挡着一块帘子。他抛出球后，就只听到木瓶倒下的声音，不知道到底撞倒了几个。当你问他球打得怎样时，他只能说：‘我不知道，感觉还不错。’

“这就好像在夜里打高尔夫球。我有许多朋友现在都不打高尔夫球了，为什么，他们说：‘球场上人太多。’当我建议晚上去打球时，他们都笑了起来，因为如果连标杆都看不到，还有谁会去打球呢？

“看团队比赛也是同样的道理。要是没法计分还会有多少人坐在那看两支队伍较量呢？”

“是呀！为什么会这样呢？”年轻人问。

“道理很简单，人们行动的最大动力来自结果的反馈，大家都想知道自己干得怎么样。实际上，套用一句老话：‘反馈是成功的前奏。’反馈让我们不断地前进。但可惜的是，虽然大多数经理人已经意识到这一点，但他们通常却制订另一套保龄球规则。

“投球手上场时，木瓶同样摆得好好的，前面还是挡着帘子，但这回游戏却多了一点儿其他成分——帘子后面站着一个监督者。当你抛出球后，听到木瓶倒下的声音，看到监督者举起两根手指，示意撞倒了两个木瓶。但大多数经理人是不是会说你撞倒了两个木瓶呢？”

“不，”年轻人笑了，“他们经常说你漏掉了八个。”

“对极了！”一分钟经理人说，“我经常问这样一个问题：经理人为什么不把帘子掀开，好让自己和下属都能看到那些木瓶，为什么？因为他要坚持那个根深蒂固的传统——工作表现评估。”

“因为他要坚持进行工作表现评估？”年轻人不解地问。

经理人问：“为什么许多人在评估前，都不清楚自己干得怎么样，也不知道自己做错了什么？当一个人知道自己无缘升职加薪后，他是什么感受？这离他们跳槽还能有多久？”

“这个我知道，一分钟！”年轻人开玩笑说。

经理人也笑了起来。

“为什么你认为有些经理人非要坚持这样？”年轻人问道。

“因为这样他们就会显得很了不起。”一分钟经理人回答。

“了不起？”

“如果你在工作表现评估表上给每个下属都打了高分，你想你的上司会怎么看你？”

“他们会认为我是个好糊弄的人，根本分不清工作表现的优劣。”

“非常正确。”经理人说，“在大多数公司里，为了让自己看起来是个称职的经理人，他们就不得不从下属身上挑毛病。你要让

有些人显得出色，有些人差劲，其余的则处于两极之间。记得有一次我去我儿子的学校参观，看到一位五年级的老师正在给班里的学生做地理测验。我问她为什么不允许孩子们使用地图册。她回答说：‘这不行，否则所有人就都得满分了。’好像所有学生都得好成绩是什么坏事似的。即便用上手边的资源，也不是每个人都能交份漂亮的答卷，更不可能人人满分。为什么不把地图册发下去，让每个人都有成功的机会呢？

“我看过一个小故事，有人向爱因斯坦要电话号码，结果爱因斯坦翻出通讯录来给他查，说他从不让能在别处查到的信息占用自己的大脑。”

“现在，如果你不明白他这番解释，”一分钟经理人继续说道，“看到他拿着通讯录查自己家的电话号码，你会怎么看他？觉得他是个成功者，还是个失败者？”

年轻人笑了笑，回答：“一个不折不扣的失败者。”

“是的，”经理人说，“我也会这么想，但是我们都错了，不是吗？”

年轻人赞同地点点头。

“我们每个人都会犯这种错误。”一分钟经理人说着，指了指电脑屏幕，“看看这个。”

每个人都可能成功
有些人貌似失败者
但人不可貌相

“要知道，”经理人说，“作为经理人，你实际上有三种选择。第一，你雇用成功者，这些人很难找，而且开价很高；或者，第二，找不到成功者，你还可以雇用有成功潜力的人，通过系统的训练把他们培养为成功者；要是前两种选择你都不满意（我发现竟然有那么多经理人既不愿高薪聘请能人，又不肯花时间培养有潜质的新手，真是让人吃惊），那你只剩最后一种选择了——祈求老天保佑。”

这些话让年轻人摸不着头脑，他问道：“老天保佑？”

一分钟经理人平静地笑了：“只是开个玩笑，年轻人。不过你想想看，确实有不少经理人整天都在祷告——‘希望这个人能完成这项工作’。”

“哦，”年轻人笑了起来，“好吧，假设聘用了一位成功者，那么你要做一分钟经理人就更容易了，不是吗？”

“当然会很容易。”一分钟经理人微笑着说，“和成功者一起工作，你只要跟他一起设定好一分钟目标就可以了，其余的他会自己搞定。”

“乔恩告诉我，有的时候你甚至连目标也不用跟他一起设定。”年轻人说。

“是的，”一分钟经理人说，“我跟他的接触比跟这里的大多数人都少。但是，对每个人来说，不论成功者还是有成功潜力的人，设定一分钟目标都是提高工作效率的一条最基本的途径。”

“是不是真的无论是谁提出一分钟目标，”年轻人问，“都必须把每个目标分别写在单独的一张纸上，还要加上完成期限？”

“是的。”一分钟经理人肯定地说。

“为什么这一点这么重要？”

“因为这样人们就可以每天回顾自己的目标，对比自己的行为。”

“我知道你只要求写下最重要的目标和任务，而不是工作的方方面面。”年轻人说。

“是的。因为我不希望他们把一大堆文件收起来，每年只在设定来年目标、评估当年工作表现时，才拿出来看一眼。

“你可能也看到了，我团队中的每一个人身边都放了这么一个牌子。”经理人把自己的牌子递给年轻人。

拿出一分钟

重温你的目标

审视你的工作表现

看看你的行为与目标是否一致

年轻人很惊讶，简单几行字中蕴含着这么质朴有力的道理。他说：“可以给我一个这样的牌子吗？”

“当然可以。”一分钟经理人回答。

充满抱负的未来经理人一边埋头写笔记，一边说：“你知道，在这么短的时间里，要把所有关于一分钟管理的东西都学会真不容易。单是一分钟目标，我肯定还有很多东西要学。不过，我们能继续说说一分钟称赞吗？

“当然，”一分钟经理人说，“你大概也想知道这个诀窍为什么有效。”

“嗯，我知道每个人都喜欢被表扬，但过上一阵儿，会不会有人觉得好话只是个幌子？”

经理人回答：“这要看称赞算不算得当，是不是真诚了。”

一分钟称赞为什么有效

“来看几个例子，”一分钟经理人说道，“也许你就明白一分钟称赞为什么有效了。”

“洗耳恭听。”年轻人说。

“比如父母教孩子学走路，你能想象这种情形吗？你把一个孩子扶起来，对他说：‘走吧。’他跌倒后，你又把他扶起来，打两下，说：‘我叫你走。’

“或者像这样，第一次扶着孩子摇摇晃晃地站起来，你兴奋得要命，说：‘他站住了，他能站住了！’你还会抱着他亲了又亲。第二天，他可以自己站住一小会儿，而且能不太稳当地走两步，你又会激动地给他无数个拥抱和亲吻。

“最后，孩子意识到这个交易不错，开始越来越多地摆动双腿，直到最终学会走路。

“教孩子说话也是这样。假设教孩子说‘请给我一杯水’，如果你非要等他说出整句话才给水喝,那孩子可能早就渴死了。所以,你得允许他从说‘水、水’开始。突然有一天,孩子开口说了‘水’,你肯定会高兴得手舞足蹈,抱着他亲了又亲,甚至会打电话给他的祖母,让孩子对着话筒口齿不清地说‘水’。虽然他说得还不太准确,但是已经很接近了。

“如果不希望孩子二十一岁去餐厅点一杯水的时候还口齿不清,过一段时间后,你就会要求他准确地说出‘水’。接着再教他说‘请’。

“这些例子说明,训练成功者最重要的是发现他们做对了的事情——开始也许只是大概做对,接着要逐渐引导他们做得越来越完美。”

年轻人说:“那么,一开始最关键的是,发现他们基本上算是做对的事情,直到他们真正做对了。”

“你开窍了,”经理人说,“设立一系列的小目标,可以帮助人们更顺利地完成整项工作。”

“工作是这样,生活也是这样。”经理人说,“你不用时时留意成功者做对了什么,他们知道该怎么做;而对需要挖掘成功潜力的人来说,别人的称赞和鼓励格外重要。”

“所以,在新人入职,或是某个员工刚接手一项新工作的时候,你会观察他们,是吗?”年轻人问。

“是的,”一分钟经理人说,“大多数经理人都是只等下属把事做得真正漂亮时，才会称赞他们。结果，许多人无法充分发挥自己的潜力，因为上司总是在挑他们的毛病——总是留意他们在哪些事情上没有达到最终期望的标准。”

“这听上去确实没多大作用。”年轻人说。

“是呀，的确不好。”一分钟经理人赞同道，“大多数公司常常就是这样对待没有经验的新人。他们欢迎新手加入，带他们跟同事们见面，之后却不理不睬。上司不仅不知道他们做对了什么，还会不时地打击新人，好让他们工作得更加努力。以前，这就是各个公司里最普遍的领导方式。我们把这叫做‘放任－打击’方式。你把一个人放在一边，希望他自己做出优秀的成绩，而一旦发现他没有达到你期望的标准，就毫不留情地打击他。”

“那么遭受这种待遇的人会怎么样？”年轻人问。

“只要去过任何一家这样管理的公司，”经理人说，“你就会知道结果。相信你过去也拜访过一些公司，应该有所了解。你会发现那些饱受打击的人总是尽量少做事。”

年轻人笑了起来。“亲眼所见，就是你说的那样。”又说，“和那种经理人共事，才知道为什么这么多人无法享受自己的工作。”

经理人赞同地说：“说得对，他们对工作既不会全力以赴，也不关心到底怎么做好。”

年轻人说：“我开始体会到一分钟称赞的意义了，这确实比挑别人的毛病要有效得多。”

“这让我想起了几个朋友，”他又说，“他们跟我说新养了一只狗，问我对他们的驯狗计划有什么意见。”

一分钟经理人忍不住问：“他们打算怎么做？”

“他们说，如果狗在地毯上方便就把它拎起来，把它的鼻子按在地毯上用报纸卷打它的屁股，然后把它从厨房的小窗子扔到后院去——他们想让狗在那里方便。

“他们问我这么做怎么样，我笑了起来，因为我知道最后会发生什么。大概三天后，这只狗就会先在屋里的地板上方便，再从窗子跳出去。因为狗虽然并不清楚自己该怎么做，但它知道最好离这儿远一点儿。”

一分钟经理人大笑起来，表示赞同。

“这个故事非常好。”他说，“惩罚对经验不足的员工起不了多少正面作用。与其这样，不如帮助他们更正自己的行为，比如重新设定一分钟目标，确保他们了解自己该做什么，以及怎么做才算好的工作表现。”

“好吧，重新设定好一分钟目标后，”年轻人问，“你还会继续努力发现他们基本做对的事，是吗？”

“一点儿不错，”一分钟经理人回答道，“刚开始时，我们要不断努力创造机会，对新人进行一分钟称赞。”

他注视着年轻人的眼睛继续说道：“你很有学习热情，也学得很快，真高兴能跟你分享一分钟管理的诀窍。”说完两个人都会心地笑了，他们知道这就是一分钟称赞。

“比起被更正，我当然更喜欢称赞了。”年轻人笑着说。

“我现在知道一分钟目标和一分钟称赞为什么有效了，它们确实能帮我达到非常好的状态。

“但为什么一分钟更正也那么有效？”

一分钟更正为什么有效

“一分钟更正之所以有效，有几个原因。”

“首先，”经理人解释道，“反馈应该是即时的。一旦你发现下属做错了事，就要立刻指出来。

“大多数经理人都喜欢把反馈积攒起来，也就是说，他们对下属的错误行为不置可否，攒到一起算总账。到了该评估工作表现的时候，他们觉得下属的工作失误多得难以忍受，于是一股脑儿地把新账旧账全都翻出来，历数过去的几个星期、几个月甚至更长时间里做错的各种事情。

“错误带来的负面情绪越积越多，这对员工很不公平，对提高工作效率也没多大作用。”

年轻人深深叹了口气，说：“确实，家庭生活中也经常这样。”

“是的，有的父母和孩子之间或夫妻之间，也经常出现这种情况，事后同样糟糕。

“最后要么是双方对事实争论不休，要么就一言不发在心里怨恨对方。而被批评的一方则会心怀戒备，不知道自己究竟做错了什么。这跟我刚才说的‘放任－打击’的管理方式如出一辙。

“如果经理人及时提出意见，就可以一个一个地处理问题，被批评的人也不会觉得那么难接受，反而会听进心里去。所以我认为评估工作表现应该是个持续的过程，一年一次可不行。”

“这么说，一分钟更正之所以有效，首先在于被更正的一方可以接受反馈信息。每次只更正一个行为，才会让人觉得既公平又明确。”年轻人总结道。

“是的。”一分钟经理人说，“而且如果想消除失当行为、留住有价值的员工，就不要因为一个错误对他人身攻击。”

“所以，你认为一分钟更正的后半分钟称赞下属是很重要的一部分。”年轻人接嘴说。

“没错。”经理人同意道，“我们的目的是帮助人们建立自尊自信，而不是贬低他们的价值。人格受到伤害时，哪怕扭曲事实，人们也会为自己和自己的行为开脱。一旦形成防备心态，就很难听得进去了。

“所以，要把一个人的行为和他自身的价值区分开。指出行为上的错误，别贬低对方的人格，最后再肯定他们的价值——这样当你转身离开后，员工会更留意自己的行为，而不是跟同事抱怨自己碰了钉子或是质疑你的领导方式。否则，他对犯的错毫无觉悟，你还变成了大反派。”

“那你为什么不先称赞，再批评呢？”年轻人问。

“效果不好。”一分钟经理人肯定地说，“说到这儿，我想起有些人说我是个既和气又严厉的经理人，但准确地说，我其实是既严厉又和气才对。”

“既严厉又和气？”年轻人不太明白。

“是的，”经理人肯定地说，“这是一条古老的真理，已经有几千年的历史了。”

“中国古代有一个故事就很好地印证了这个道理。从前，一位皇帝任命了一位宰相。一天他召来宰相，对他说：‘我们为什么不分分工呢？你来负责惩罚，我来褒奖，怎么样？’宰相回答道：‘好吧，惩罚的事都由我来做，褒奖归您。’”

“我开始喜欢这个故事了。”年轻人说道。

“你肯定会喜欢的。”经理人会意地笑了笑。

“可皇帝很快就发现，他命令别人做事的时候，他们可能会执行，也可能没把他的话当回事，”他继续讲，“但宰相一开口，人们就会立刻按照他的话去做。于是，皇帝又把宰相找来说：‘我们再重新分分工吧。你唱红脸已经很久了，现在换我来吧，你负责褒奖。’宰相和皇帝便换了角色。

“这样过了不到一个月就政变了。皇帝曾经是个很和蔼的人，总是赞扬别人，对谁都很和气，后来却开始惩罚人。人们开始议论纷纷：‘那个怪老头是怎么回事？’而后，老百姓把他从皇位上拉了下来，推举新领袖时，他们便说：‘大伙儿都知道谁最合适了，就是宰相。’最后，宰相黄袍加身当了皇帝。”

“这是真的？”年轻人问。

“谁在乎真的假的。”经理人笑了起来。“话说回来，”他补充道，“我知道结局会是这样。但反过来，先严厉指出客观上的错误行为，再肯定并鼓励他们，就能收到很好的效果。”

“对于一分钟更正，你有日常生活中的例子吗？现代管理以外的。”年轻人问。

“当然有，”经理人说，“就说体育训练吧，几乎全国的教练都会用和‘更正’类似的方法来提高运动员的成绩，一个很有名的大学篮球教练跟我说，他就是用这种方法培养出了一支冠军球队。”

“他是怎么做的呢？”

“他说在一次很重要的比赛上，队中最棒的那个球员表现得特别糟糕，如果不能尽快摆脱疲态，这次就输定了。所以，他换那名球员下场休息。”

“最棒的球员？”年轻人问道，“让最棒的球员下场，这怎么行？”

“不下场才不行，除非他能恢复到最佳状态，否则不仅这场比赛必输无疑，甚至锦标赛的入场券都可能丢了。

“那场比赛对球员也至关重要，他明确地指出问题所在：‘常规位置的进球投不中，一个篮板球都没抢到，在防守上也毫无作为，你看上去根本没有尽全力，这太让人生气了。’他沉默了一会儿，又说：‘其实我知道，你的能力要比刚才的表现强得多，在这休息一下吧，等你调整好能发挥出真实水平再上场。’

“过了一阵儿，球员站起身走到他面前说：‘教练，我已经调整好了。’他回应说：‘重回战场吧，把你的真本事亮出来。’球员上场后，抢断、抢篮板球、准确投篮，简直跑遍了全场。多亏了他，队上其他球员也受到鼓舞，高水平发挥，最后终于拿下了比赛。”

“大体上看，教练做了乔恩告诉我的那三件事，”年轻人说道，“指出错误；说明自己对这件事的感受；最后点出来他们的实际能力要强得多。换句话说就是，表现很差劲，但他们自身的价值是不能否认的。”

“分析得很到位。”经理人说，“看吧，管理的时候，把一个人的行为和他本人的价值区分开来多重要。最关键的就是人，因为人可以控制自己的行为。这一点对每个人都适用。”

“如果你能明白这一点，”一分钟经理人说着又点了一下屏幕，“就掌握了更正的关键。”

我们不仅能够表现自己
我们还能管理自己

“听起来，更正的背后似乎包含着很多关怀和尊重。”年轻人说。

“你能想到这一点真是让人欣慰。真正尊重被更正的人，你才会获得真正的成功。”

年轻人想再问个问题却显得有些犹豫：“一分钟称赞和一分钟更正虽然看起来很有效，但这两个诀窍有没有具体的方法让人俯首听命、操控对方做你希望他做的事？”

“问得好，‘操控’是出于自身利益带有欺骗性地控制别人，想操控别人是件很蠢的事，还可能搬起石头砸自己的脚。你的任务是向对方展示如何自我管理、如何享受自己的工作，最终要实现的是，无论你是不是跟他在一块儿，他都能把事做好。所以，让人们明白你在做什么，为什么这么做，非常重要。”

“这跟生活里的其他事一样，”经理人解释道，“有的方法行得通，有的行不通。最终，真诚待人才是最有效的。另外在生活中你可能已经发现，不真诚，一损俱损。”

“现在我终于懂了，”年轻人说，“你的管理方式之所以奏效，是因为你关心你的下属。”

“是的，而且我也关心结果。”

年轻人想起初次见面时，真的感觉这位经理人有些粗暴。

一分钟经理人似乎看透了他的心思。

“有时候，”他说，“你必须表现得严厉，才是真正关心别人。但只是就事论事，我从不针对人。你知道的，犯错不可怕，不吸

取教训才会导致真正的挫败。”

年轻人继续问:“要是一分钟更正后，类似的错误重复出现呢？”

“好吧，我来问问你，你觉得这种情况下经理人会有什么感受？”

“也许会不太高兴、生气，甚至发怒吧。”

“对，这时候就要跳出来冷静审视现实情况，这样你才不会被情绪控制而出了岔子。一分钟更正的目的是帮助别人在错误中获得认知，不过如果有些人获得了认知，展现出足以完成工作的能力，但主观上没有要去做好这件事的态度，你就该想想公司将为此付出什么代价，他是不是值得留在你的团队里。”

听了这些话，年轻人恍然大悟。

现在，年轻人开始向着新一分钟经理人的方向成长了，也体会到为什么人们那么享受在这儿工作，他们和新一分钟经理人一起工作，而不是为他工作，其实每个人都是在为自己工作。

“或许你会对这个感兴趣，”年轻人说着递上了自己的笔记本，“我想了一句口号提醒自己目标和结果的关系，以及一分钟目标、一分钟称赞和一分钟更正是如何共同运作的。”

目标引发行为
结果巩固行为

“非常好！”经理人大声称赞道。

“真的？”年轻人还想再听几句夸奖的话。

“年轻人，”经理人一字一顿地说，“我活着的意义可不是当一台会喘气的复读机，我没时间一次又一次地重复自己说过的话。”

就在年轻人以为要被称赞的时候，却发现自己好像又得到了一个一分钟更正。

聪明的年轻人不动声色地问：“什么？”

两个人对视了一会儿，同时大笑起来。

“我挺喜欢你，”一分钟经理人说，“你想不想来我这里工作？”

年轻人惊讶地看着他。“你要让我到这里来为你工作？”他激动地问。

“不，我是说来这儿为自己工作，就像我团队里的其他人一样。我不认同‘为某人工作’这个说法，说到底，我们还是喜欢为自己工作。

“在这里，同事就像搭档一样，一起寻找提高业绩的方法。我尽最大努力帮助其他人更好地完成任务，同时我们也越发热爱自己的工作和生活，我们是公司最得力的成员。”

当然，这正是年轻人一直向往的。

“我很高兴能来这儿工作。”他说。

与一分钟经理人共事一段时间后，年轻人受益良多，一件意料之中的事终于发生了。

年轻人成了一位新一分钟经理人

PART 3

你在为谁工作

The New One Minute Manager

年轻的新一分钟经理人

年轻人之所以能成为新一分钟经理人，并不是因为他在心里这样想想，或在嘴上这样说说，而是因为他像一位新一分钟经理人那样付出了真正的行动。

他做事简洁有效。

他和下属一起设定一分钟目标，给予下属一分钟称赞，对下属进行一分钟更正。

他只针对重要的事情提简短的问题，只阐述简单的道理；开怀大笑，努力工作，他也在工作中获得了乐趣。

而其中最重要的大概就是，他不仅自己这样做，也引导别人尝试新事物、变得更有创造力，他鼓励身边的人也这样和同事相处。

他甚至制作了一种可以放在口袋里的“策略卡片”，帮助周围的人也成为新一分钟经理人。他把它作为一份有用的礼物，赠送给每一位下属。

新一分钟经理人的策略卡片

开 始

先让对方知道，你要怎么帮助他们

↓

一分钟目标

- 清楚阐明目标
- 明确好的工作表现的标准
- 每个目标用单独一页纸描述清楚
- 经常性地快速回顾目标
- 鼓励人们审视自己的表现，看与目标是否一致
- 若表现与目标不符，敦促对方调整自己的行为，并最终完成工作。

达成目标（或目标的一部分）→ **成功！**

↓

一分钟称赞

- 称赞正确的行为
- 及时称赞，并具体说明对在哪里
- 表达你的喜悦
- 沉默几秒，让对方体会这种喜悦
- 鼓励人们继续这样做

↓

获得更大的成功

没有达成目标 → **失败**

↓ 走向成功

一分钟更正

- 重新申明目标，并达成一致
- 确认既有事实
- 分析错在哪里
- 表达你对这个错误的感受
- 沉默几秒，让对方审视错误
- 告诉对方，他们的实际能力比这强得多，你对他们仍有信心
- 更正完毕，整件事就过去了

↓

获得更好的工作表现

给自己的礼物

许多年过去了，我们的主人公回首自己第一次听说一分钟管理时的情形，那似乎是很久以前的事了。

他初次拜访新一分钟经理人后，公司对适应性、灵活性越来越重视，他非常感激经理人当初不吝惜时间和自己分享管理心得，所学的这一切也都价值非凡。

想起自己曾许诺要分享学到的东西，他整理扩充了早前的笔记，并复印分发给团队里的每个人。

员工们读后都感叹，用上这 3 个诀窍工作起来确实不一样了。他们感受到，称赞——尤其是一次有效更正后的称赞，是种强而有力的方式，促使他们更快地达成目标。有些人还说，他们把这几条道理用到家庭生活中，也更容易发现别人做对的事情。

莉兹 · 阿奎诺曾来拜访说："真是太感谢你告诉我那 3 个诀窍，现在我的时间宽裕多了。"

他则回应道：“我们都得好好感谢一下新一分钟经理人呀！”

在办公桌前沉思时，年轻的新一分钟经理人意识到自己多么幸运。他有时间思考并计划如何为公司提供必要的帮助，有闲暇和家人共处、培养其他的爱好，甚至还有空好好地放松一下，他庆幸自己不用像其他经理人那样每天承受巨大的身心压力。因为团队里的成员都干得挺不错，他这个部门没有成本高昂的人力难题，也很少有人生病或请假。

他回想过去，很高兴自己没有非要等到对一分钟管理完全驾轻就熟后才开始付诸实践。他向员工坦言：“我还不太习惯时常跟他人说他有多出色，也不善于谈论自己的感受，有时候更正了某人的工作失误后，我可能会忘了告诉他我珍惜并且看重他的价值。”“好吧，至少你可以试一试。”同事们异口同声的回答让他宽慰地笑了。而后他又做了一件很重要的事——简单询问一些人，看他们是否愿意接受这种还不算熟练的经理人的管理，尽管他承认自己有时做得不尽如人意。

他得到的答案是，从一开始就真诚地站在员工这一边，人们一旦有了这种心理预设，一切就变得不一样了。

给其他人的礼物

年轻的新一分钟经理人又陷入了沉思，突如其来的电话铃声吓了他一跳。

“先生，早上好，”他听到秘书的声音，“有一位年轻女士打电话找您。她希望来这里跟您谈谈我们公司的管理方式。”

年轻的新一分钟经理人想起自己第一次来访时的经历，不禁笑了起来，说：“我很乐意和她聊一聊。”

随后，当他和这位聪明的年轻女士见面时，他说：“非常荣幸能和你分享我在管理上的心得体会。”请她入座后，他又补充道：“但我有一个条件……”

“什么条件？”客人问。

“很简单，”他回答，“如果你觉得这些经验有用，你必须——

跟其他人分享这些诀窍

致谢

这些年来，我们向很多人学习，也受到了他们的启发。在此，我们对以下诸位表示真诚的感谢。

拉里·休斯，感谢他将第一版《一分钟经理人》以独特且极富创造性的形式出版。

杰拉尔德·纳尔逊博士和理查德·莱瓦克博士，感谢她们非常有效的家庭教育方法“一分钟批评”，我们从中获得启发，改编成本书中的“一分钟更正”。

艾略特·卡莱尔博士，感谢他在“有效教授”上给予我们的教导。

托马斯·康奈兰博士，他简洁明了地传授了我们行为学的概念和理论。

保罗·赫塞博士，感谢他教导我们将行为学观点应用到实际工作中。

多萝西·钟沃德博士、杰伊·谢洛夫博士和亚伯·瓦格纳博士，是他们使我们更加理解人与人的交流方式。

罗伯特·洛伯博士，感谢他教我们将研究成果应用于商业和工业化领域。

肯尼斯·梅杰博士，是他将目标设定及行为表现的相关知识传授给我们。

卡尔·罗杰斯博士，感谢他对人际交往中的真诚坦率这个问题给我们的指点。

最后感谢路易斯·泰斯，感谢他在开发个人潜能上给我们的指导。

同时，也要感谢我们了不起的文稿经纪人玛格丽特·麦克布赖德、理查德·安德鲁斯，出色的编辑南希·卡西和玛莎·劳伦斯，以及天才设计师帕特里克·皮那和费伊·艾奇逊给我们的帮助。

联系方式

肯·布兰佳公司

在过去三十年里，第一版《一分钟经理人》已成为每一个经理人的必读书之一。现在，探索全新版《一分钟经理人》的智慧，可以帮你进一步开发管理潜能、学习新的实用技巧，助你走上成功之路，你可以在肯·布兰佳官网（kenblanchard.com）学习如何成为一个更高效的经理人。

本书中应用的概念，取材于肯·布兰佳公司帮助世界范围内其他企业提升工作表现、员工敬业度，以及顾客忠诚度的经验。如果你想了解如何在企业中应用这些策略等进一步的信息，请通过以下方式联系我们：

The Ken Blanchard Companies

The Leadership Differrence®

电话：+1-760-489-5005

联系方式：kenblanchard.com/inquire

官方网站：www.kenblanchard.com

斯宾塞·约翰逊博士

如果您想进一步了解斯宾塞·约翰逊博士的其他作品，请登陆博士的官方网站：www.spencerjohnson.com。

图书在版编目(CIP)数据

新版一分钟经理人/〔美〕布兰佳,〔美〕约翰逊著;周晶译.
—海口:南海出版公司,2015.9(2025.10重印)
ISBN 978-7-5442-7809-6

Ⅰ.①新… Ⅱ.①布…②约…③周… Ⅲ.①企业管理—通俗读物 Ⅳ.①F270-49

中国版本图书馆CIP数据核字(2015)第109072号

著作权合同登记号 图字:30-2015-043

新版一分钟经理人
〔美〕肯·布兰佳〔美〕斯宾塞·约翰逊 著
周晶 译
陈昭 图

出　　版 南海出版公司 (0898)66568511
海口市海秀中路51号星华大厦五楼 邮编 570206
发　　行 新经典发行有限公司
电话(010)68423599 邮箱 editor@readinglife.com
经　　销 新华书店

责任编辑 黄宁群
特邀编辑 王　依
装帧设计 宋　璐
内文制作 田小波

印　　刷 北京富诚彩色印刷有限公司
开　　本 880毫米×1230毫米 1/32
印　　张 3.5
字　　数 60千
版　　次 2015年9月第1版
印　　次 2025年10月第38次印刷
书　　号 ISBN 978-7-5442-7809-6
定　　价 35.00元